(10호) **삶의 밑그림**

蕙亭 박 연 희 문인화 작가

(70x140)

2010년 제33회 경남미술대전
문인화 우수상

繁花片片含秋情(번화편편함추정)
번화한 꽃잎마다 가을의 정 머금었구나!

(70x140)

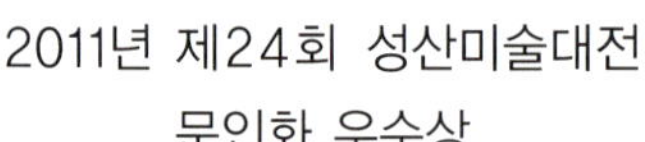

2011년 제24회 성산미술대전
문인화 우수상

一枝梅動已催春
한 가지 매화가 움직여 이미 봄을 재촉한다.

휴식 休息

2013년 제6회 김해미술대전 한국화 특선

(10호) 바람에 실려

(35x50) 산책 (수묵담채)

(35x40) 행복 (수묵담채)

삶의 밑그림

혜정 박연희

蕙亭 박 연 희 시집

도서출판 청옥문학사

시인의 말

내 삶의 밑그림에 소중한 추억을 담는다

노란 은행잎이 길가에 뒹구는 가을
오랜 망설임 끝에 첫 시집을 준비 한다

부족한 나의 글 들을 세상에 펼쳐 보인다니 두렵고 긴장되어 선뜻 결정하기 어려웠지만 선배 시인과 지인들의 격려와 용기 북돋움에 힘입어 조심스럽게 나의 글을 모아 펼친다

산책길에서 만나는 자연의 모습과 소리, 향기 등에서 일어나는 모든 것을 마음 깊이 느끼고, 이제는 형상으로 존재하지 않으면서도 숨 쉬고 있는 어머니와 같은 고향의 냄새와 기억들이 스치며 주는 느낌 등을 글로 표현해 보았다

신혼 시절 아는 사람 없는 창원에서 붓글씨를 배우며 만난 스승님은 내게 "난초향기 그윽한 정자처럼 변함없는 마음으로 함께하고 싶은 사람이 되라."는 뜻의 "蕙(난초 혜) 亭(정자 정)" 이라는 아호를 지어 주셨다

같은 날 스승님께선 "믿은, 소망, 사랑 그중에 제일 큰 것은 사랑이라." 는 의미의 글 信望愛 三德中 愛大를 직접 써 주시었는데 살아가면서 그 깊은 뜻을 알게 되는 것 같다

앞으로의 삶도 스승님께서 주신 아호의 뜻에 맞게 향기롭고 아름다운 자연과 삶의 모습을 글과 그림으로 표현하고자 요즈음은 문인화와 한국화의 어우러짐을 공부하는 중이다.

글을 쓰고 그림 공부를 할 수 있도록 언제나 관심을 갖고 지켜보는 남편에게 고마운 마음을 전하고 각자의 자리에서 노력하는 나의 희망이와 소망이(아들딸의 애칭)에게 하고 싶은 말 "꿈은 내가 만드는 거야! "

언제 어디서든 하늘에서 나를 지켜보실 내 부모님께도 셋째 딸의 첫 시집을 드린다

그리고 시집을 낼 수 있게 큰 용기와 도움을 준 좋은 분들께 감사의 마음을 전한다.

蕙亭 박 연 희

서 문

파스텔화 같은 시 속에 서민의 삶이 녹아 있어… .

김 순 진 (문학평론가 고려대 평생교육원 시창작 교수)

박연희 시는 경쾌하다. 꽃밭 위를 날아다니는 나비 같이 즐겁다

박연희 시는 톡 쏘는 꿀벌의 침 같다
한 방울 한 방울 몸소 체험에 의해 쓰여진 그의 시는 벌꿀처럼 달다
그러나 알싸한 뒷맛은 미나리가 가지는 정화의 맛을 느끼게 한다
파스텔화 같이 일상생활 속에서 채록된 그녀의 시 속에는 서민들의 삶이 녹아있어 겨울을 견딘 봄의 아름다움을 느끼게 한다

겨울은 끝도 휴식도 아니다
겨울은 내면으로 향한 자숙의 시간이다
오랜 시간 동안 스스로 성장하는 나무의 시간을 보낸
박 연희 시인
'내면으로부터 올라오는 감동과 미래에 대한 소망' 이
박연희 시의 특징이다.

●● 목 차

제 1 부 삶의 밑그림

삶의 밑그림 …… 14
존재存在의 이유 …… 15
풀꽃처럼 …… 16
나도 언젠가는 …… 17
시들지 않은 풀꽃 하나 …… 18
낯선 마을에 …… 19
되돌아보니 …… 20
무너뜨린 흔적들 …… 21
서두르지 말자 …… 22
회상回想 …… 23
들꽃처럼 …… 24
그리운시절 …… 25
한 잔의 커피 …… 26
홀로 피는 들꽃처럼 …… 27
바다를 보며 …… 28
바람아 너는 아니? …… 29
나도 가끔은 …… 30
조급한 마음일까? …… 31
쓸쓸함에 대해 …… 32
숲에서 만난 행복 …… 33
나의 영성靈性 …… 34

제 2 부 바람을 마중하는 구름처럼

바람을 마중하는 구름처럼 …… 36
귀한 추억자리 …… 37
동반자 …… 38
희망이 소망이에게 …… 39
나의 보물 하나 …… 40
나누는 행복 …… 41
느린 행복 …… 42
벗님 하나 있었으면 …… 43
그러면 좋겠네 …… 44
마음을 나눈 사랑 …… 45
동기同氣 …… 46
마법의 성城 …… 47
안부 …… 48
별밤 사랑 …… 49
나를 설레게 하는 사람 …… 50
그리운 향기 …… 51
나의 인연이여 …… 52
우린 늘 새롭게 …… 53
나의 하늘이시여 …… 54

제 3 부 나의 여백

나의 여백餘白 ………………… 56
묵향墨香 배인 공간 ……… 57
내 마음의 구도構圖 ……… 58
멋진 삶을 위해 …………… 59
평범한 중년이지…………… 60
나는 기다리는 법을 배워 … 61
무심한 세월………………… 62
삶의 미완성………………… 63
인생은 혼자라는 것 ……… 64
수신자受信者 없는 편지…… 65
망각의 성城………………… 66
나의 인생 나의 사랑 ……… 67
미련한 인생 ……………… 68
지혜로운 사랑으로………… 69
당신 잊으려 하면 ………… 70

제 4 부 아름다운 구속

아름다운 구속拘束 ………… 72
바람의 향기………………… 73
우리 사랑…………………… 74
사랑의 존재存在 …………… 75
이젠 내가 위로해 줄게 …… 76
사랑의 행로行路 …………… 77
영원할 수 없으니 ………… 78
힘들 땐 하늘을 보렴 ……… 79
그대는 나의 귀한 사랑 …… 80
작은 종이배 ………………… 81
내 마음의 빛 ……………… 82
춘설春雪 …………………… 83
휴식休息 …………………… 84
이렇듯 비가 내리면 ……… 85
미열微熱 …………………… 86
연서戀書 …………………… 87
허밍humming……………… 88
내가 너무 작아요 ………… 89
함께 하여 주소서 ………… 90

제 5 부 사랑의 소묘

사랑의 소묘素描 ············· 92
와인 한 잔의 사색 ··········· 93
손톱에 물들인 그리움 ······ 94
가슴에도 꽃이 핀단다 ······ 95
그대, 나를 기억하는지 ······ 96
공연한 기우杞憂 ············· 97
침묵 ···························· 98
하루 ···························· 99
널 만난 기쁨 ················ 100
인생의 번민煩悶 ··········· 101
따스한 그리움 ·············· 102
밤의 여정旅情 ·············· 103
자책 ··························· 104
보고 싶다 ···················· 105
미로迷路 ····················· 106
어느 슬픈 영혼 ············· 107
그리움의 실상實狀 ········ 108
이별 앞에서 ················· 109
내 작은 소망 ················ 110

제 6 부 내 마음의 정원

내 마음의 정원 ············· 112
어느 날 오후에 ············· 113
부평초浮萍草 ················ 114
목백일홍木百日紅 ··········· 115
홍매화 곁에서 ·············· 116
오월의 비음산 철쭉 ········ 117
찔레야························· 118
계절이 바뀌네 ··············· 119
숲의 빈 의자 ················ 120
봄의 향연饗宴 ·············· 121
매일 아침 ···················· 122
산에 오르니 ················· 123
가을 서정抒情 ·············· 124
눈이 내리네 ················· 125
겨울 풍경 ···················· 126
수선화narcissus ··········· 127
아름다운 계절에 ··········· 128
나의 정원에 꽃이 되어 ··· 129
가끔은 자연인이고 싶다 ··· 130
기도祈禱 ····················· 131

제 1 부

삶의 밑그림

삶의 밑그림

더없이 아름다운 세상
지난날을 회상한다

매운 세상살이
수십 년의 춘하추동을 되새기니
일상에 묻혀 희미해지고 만
소싯적 삶의 밑그림은 추억이 되고
은혜로운 기억을 떠올려
혼잣말을 한다

용기 잃지 않던 처음의 소망으로
희미해진 옛 그림을 손보아
그 바탕에 멋진 수를 놓고

자연의 정직함과 삶의 의미를
시 한 수로 표현하며
다시 펼친 화선지에 나의 삶을 그려보자.

존재存在 의 이유

나는 어떤 존재일까

얇은 한지韓紙는
젖고 마르기를 반복해야
고유의 빛을 띤다는데

준비없이 나선 길목에
나는 어떻게 서 있는가

공허한 향기면서
겉치레에 반하여
마음 전하기 바쁘지나 않은지

살아가는 동안
젖고 마름을 반복하여
귀히 여겨지는 한지韓紙이고 싶네.

풀꽃처럼

길섶 키 작은 풀꽃
보는 이 없어도
곱게 피어
무더위를 이겨내고 있구나

혼탁하지 않은 영혼으로
나를 키우며
풀꽃처럼 욕심 없이
한철 피고지고 싶어라

길섶에 핀 꽃처럼
내 생이 다 하는 그 날까지
머문 자리 불평하지 않고
자신있게 살아가리라.

나도 언젠가는

힘겨울 땐
싱그러운 숲으로 걸음 옮겨
남은 삶을 그려본다

원하던 원치 않던
누구나 한번은 가야 하는
인생 여정의 종점

그곳에 닿기 전에
훌훌 털어 내고 싶은
허망한 미련들

세상에 온 이유
굳이 설명하지 않고
조용히 떠날 수 있었으면 좋겠다.

시들지 않은 풀꽃 하나

고목 아래 몸을 숨긴
키 작은 풀꽃
쪼그려 앉아 보도록 나를 붙들고
작은 관심에도 고마워
먼지처럼 짧은 시간 말을 건네도
사랑에 반응하여 향기 넘치네

어려움 없이 살아온
온실 화초는
본능으로 풍만해지는
풀꽃이 부러울 거야.

낯선 마을에

가파른 언덕배기 올라서니
바람에 흔들리는 야생화 나를 반기고
자박자박 발걸음에 놀란 산새는
호기심 어린 눈빛으로 나를 맴도네

도린곁*에 자생하는 아름다움은
내 벗들이 사는 곳에 옮겨 놓고

대안對岸에 버려야 했던 시름은
물안개 피어오른 낯선 곳에 묻고 가야지.

* 도린곁: 사람이 별로 가지 않는 외진 곳

되돌아보니

기쁨보다 슬픔이
더 큰 자리를 차지할 때

연민어린
표정으로 나를 본다

삶에 급급하여
나와의 약속도 망각하고
알뜰살뜰 보살피지 못했지만
이젠 쌓인 낙엽 밟는 듯
나를 보살펴야지

그래도 다음 계절을 위한 양보로
떨켜*를 분리하는 낙엽처럼
익어가는 사랑이 필요하겠지.

* 떨켜: 낙엽이 질 무렵 잎자루와
가지가 붙은 곳에 생기는 특수한 세포층.

무너뜨린 흔적들

원망의 다툼
가슴이 외치는 강한 부정否定
나약했던 지난날
돌아보니 미련했더라

돌이킬 순 없지만
접어 둔 기억을 꺼내
하나씩 무너뜨리자

다신 돌아보지 말자고
다신 떠올리지 말자고
가벼운 미소로 다짐을 해보자.

서두르지 말자

향 깊은 한 잔의 차에
마음을 다스리려
깊은 생각을 담아 본다

주마등같은 인생
세월에 쫓기던 수많은 추억
가슴에 전율이 인다

어느새 자리 잡는 여유로운 마음이
넌지시 전하는 말
서두르지 말자

내 삶을 위해 내딛은
충실한 걸음
평온을 잃지 않는 내가 되는거다.

회상回想

내 삶에 기생하는 또 다른 삶
서슴지 않고 홀로서기를 요구하던 세월
잡힐 듯 사라지는 허상
대신할 수 없는 내 생의 지문指紋
삶에 대한 깊은 고민이겠지

이상理想을 고집하다
현실이 더욱 중하다는 것 인정하니
살기 위한 이유에
덧대어 보는 공허한 추상抽象

겹쳐진 공간에 되뇌는 독백
외로움은 견디기 힘든 게 아니라
다만 그리울 뿐이라고.

들꽃처럼

온종일
바람의 수발들면서도
한마디 불평도 내색치 않던
들꽃 같은 인생아

침묵의 사색으로 인내 키우고
좋은 생각으로 향기 품으며
최선의 지금
행복으로 장식하자

좋은 세상
불평은 줄이고
키 작은 들꽃으로 사는 거다
향기 온전한 들꽃으로.

그리운 시절

분주한 일상
시간 가는 줄 모르다
눈을 뜨고 둘러보니
모자란 듯 살아온 지난날
신뢰에 기대여 살던
정겨운 그대가
참으로 그립더라

치장 없이 다녀도
따라다니던 따뜻한 관심
서둘러 꽃 피우라 재촉하며
분주해 하던 사랑도
어울려 좋았던 그 시절
닮아가는 너와 나
어느 사이 많은 세월 지났네.

한 잔의 커피

편안하고 익숙한 습관으로
커피 한잔

기분 좋은 향기가 감각을 깨우면
성스런 의식처럼
두 손이 감싼 따뜻한 소망

찻잔에 담긴 밀어가
다독여 배웅하고
겸손한 기대로
차분하게 그려 보는 하루

갸륵한 마음이
주문처럼 외워보는
오늘을 위한 기도
가슴이 따뜻해진다.

홀로 피는 들꽃처럼

지난 기억은
애써 지우지 말자
가장 진실한 행동이라
인정하고 다독이자

포기를 모르던
들꽃의 운명처럼
버겁던 번민 떨치고
향기로 나래를 펴자

하찮게 보여
정작 소중한 것을 잃어버리는
미련한 사람은 되지 말고
들꽃 닮은 삶을 꿈꾸자.

바다를 보며

어떤 말이든 쏟아내고 싶어서
바다를 그려 본다

나를 이기지 못할 때
용서할 수 없는 마음 앞설 때
배려보다는 이해 못 할 때
결정을 놓고 포기가 먼저일 때
가슴이 답답해 바다를 그린다

일렁이는 바다가 위로하며
까치노을* 위에
마음 내려놓으라며
나를 타이른다
모든 것은 나 하기 나름이라고.

* 까치노을: 바다의 수평선에서 석양을 받아 번득거리는 빛

바람아 너는 아니?

바람아 너는 아니?
구름 마중하고 싶은 것을

연초록 숲을 흔들고는
숨어서
나를 부르는 이유가
무엇이니?

한적한 길에 들어서서
날 닮은 널 그리니
그리움으로 앓는 몸살

바람아 너는 아니?
이름 모를 산山꽃 곁에 앉아
널 그리는 이 마음을.

나도 가끔은

때론 술 한 잔 하고 싶어
삶을 논하고 허전함을 위로 받으며
덧없는 넋두리로 원망 없이
불만의 투정 부리고 싶어

이마에 내려온
머리카락을 쓸어 올리는 버릇
이때쯤이면
풀지 못한 인생 숙제
술 취했다고 보내는 신호거든

나도 가끔은
술의 부축을 받고 싶어.

조급한 마음일까?

하늘을 떠도는 느낌들
정리하지 못한
뜬구름같이 몽롱한 마음
다잡이하여 옮겨 적는 독백

허무한 생각이 나를
지배하니
갈증부터 느끼는 위로

두서없는 단어 들이 조합되어
감동을 주랴만
조급한 마음엔 낙서만 빼곡하다.

쓸쓸함에 대해

눈보라 이겨 내어 곱게 핀
청매화를 보러 가는 길

모자란 햇살에도
화사한 꽃 피면
눈부신 자태 뽐내겠지

바람 한 줌에 실는 향기로
가장 먼저 봄을 알리니
쓸쓸함 위로하려 다시 찾으면
다붓다붓* 반기는 향기 주겠지?

* 다붓다붓: 여럿이 다 매우 가깝게 다가붙는 모양을 나타낸 말

숲에서 만난 행복

재* 넘어 불어오는 얌전한 바람
너울가지*가 있어
두루 살피며 인사를 하네

내 뺨을 스치는가 싶더니
어느새 새싹머리 쓰다듬고
겨울 난 온 가지에
새움을 틔우네

눈에 보이는 온갖 모습
귀에 들리는 모든 소리가
아름답게 들리니 행복한 지금이네

넉넉한 생각으로 느끼니
우리 세상
다 마음먹기 나름이라네.

* 재: 길이 난 높은 산의 고개
* 너울가지: 남과 쉽게 잘 사귀는 솜씨

나의 영성靈性

당신에게 의지하려
턱없이 모자란 저는
머리 숙여 두 손 모아봅니다

당신 부르심에 마음 여니
엉키어진 마음은
퇴색된 낙엽처럼 흩날리며
당신 곁에 서성입니다

당신 사랑 느끼며
말씀의 은혜로 가르침 받아
충만한 성령 안에서
어긋나지 않는 인생이길 기원합니다.

제 2 부

바람을 마중하는 구름처럼

바람을 마중하는 구름처럼

바람 따라 떠도는 구름
거대한 작품으로
삶의 표정 기막히게 묘사하니
지나온 인생 또한
이와 다를 바 없구나

한 곳에 머물지 않는 구름
한없는 꿈을 주며
어찌 저리 자유롭나

내게 오는 바람 마중하여
욕심 없고 자유로운
하늘 그림 그려 보세.

귀한 추억 자리

눈을 감고
크게 한 번 호흡하니
봄기운이 느껴지고
귀 기울이니
숲속엔
분주한 일렁임 있네요

추억 노닐던 자리에
그대와 나의 계절이 오니
매화처럼 피던 첫 기억
봄바람에 실려와 설레게 하네요

정겨운 햇살 찾아오고
길동무하던 새만 반기니
사랑인지도 모르고 마주잡았던 손엔
추억만 한 움큼이네요.

동반자

진정한 사랑은
가슴에서
모나지 않게 가꾸는 것
표현하지 않는다고
애정이 없는 건 아니지

석양을 등에 지고 말없이
그림자 동무 되어
흔들리지 않을 버팀목이었다가
이심전심으로
사랑 담는 연리지의 마음
내 어찌 모를까나

귀하게 맺은 가시버시*의 인연
남은 삶 다 하는 동안
꽃잠*의 언약 보듬은 헌신
그대에게 드리리.

* 가시버시: 부부를 정답게 또는 귀엽게 이르는 말
* 꽃잠: 결혼한 신랑 신부가 처음으로 함께 자는 잠

희망이 소망이에게

행복은 사소한 일상에서 비롯되니
신기루 쫓지 말고
주어진 것 비교 말고 부지런히 살아가렴

궁핍한 이에게 도움의 손을 내밀며
위로가 필요한 이의 마음을 어루만지고
자신에겐 엄격하고
타인에겐 너그러운 사람이 되렴

현재에 안주하지 않으며
교만하지 않고 가슴 따뜻하게 살아가렴

먼 훗날
후회 없이 살았노라
만족할 수 있도록 다짐하는 거다

언젠가는 너도
네 아이에게
지금 이 엄마의 당부를 대물림하겠지.

* 희망이는 아들, 소망이는 딸의 애칭

나의 보물 하나
(사랑하는 딸에게)

누가 너보다 더 예쁠 수 있을까
네 눈보다 더 맑은 게 있을까
입이 닳도록 자랑하고픈 보물
내가 네 가슴에 대고 속삭여
소망이 무엇이냐고

네 눈을 마주하니
살아오며 공유한 비밀
이젠 여자로서
삶을 나누는 친구로
네가 내 가슴에 대고 속삭여
날 닮고 싶다고

엄마의 자리에 서니
새삼 사무치게 그리운 내 엄마
이 그리움
너도 느낄 날이 오겠지.

나누는 행복

매일 가슴에 만들어지는
귀한 메시지
힘내!
다시 부딪쳐보는 거야
힘겨워하는 이에게
한마디 전하는 소중한 마음

보고 싶어 하면
묻지 않고 달려가는 배려
뒤처진 마음 헤아려 부축하는
따스한 이해

살아가는 동안 변함없이
좋은 인연 손잡고
위로하고 위안 받으며 살겠네
살아 있음으로
더불어 행복해야 할 책임이기에.

느린 행복

가끔 울고 싶을 때가 있지
상념은 그리움을 낳고
손에 닿지 못한 꿈
성급하게 담으려 하면
허탈하게
기대의 물거품으로 사라지더라

조급하게 이루려 말고
천천히 살아 더 깊이 느끼고 살피면
인생을 계획 있게 살게 돼

느리게 행복을 음미하는
넉넉한 삶 기원해 보는 거야.

벗님 하나 있었으면

어둠이 내리고
스산한 바람 불어 울적할 때
가슴 따뜻한 벗님 곁에 있었으면

건너지 못할 강 서성일 때
달빛처럼 찾아 와
손잡아 줄 벗님 곁에 있었으면

참 좋겠네

소리 내어 울 수 없을 때
벗님 어깨에 힘겨움 얹어두고
토닥토닥 달빛 나누며 위로 받고 싶네.

그러면 좋겠네

지친 너를
용기의 한 마디로
잡아 주고 싶어

마음 들여다보는
다정한 느낌으로 비춰 진다면
안개비로 내리는
포근한 보살핌일 텐데

네 마음에 그리움 스며
나직이 부르는 이름
그게 나였으면 좋겠어.

마음을 나눈 사랑

아무에게나 줄 수 없는 사랑
그러나
누구에게도 통용되는 사랑

마음을 나눈다는 것은
그 사람의 아픔과 시련을
함께 할 수 있을 때 가능하겠지

사랑 전하기에
게으름 피우지 않아야겠지
진실을 담는 삶도
사랑 실천하기 위한 노력일테니.

동기同氣

무안에 있는 내 고향집
박가네 칠남매 오순도순 살았지

콩 한쪽을 일곱 쪽으로 내자니
울 아버지 어머니 얼매나 힘드셨을까

세월이 흘러
부모님은 쪽배 타고
은하수 건너 가셨지만

칠남매 우여곡절 겪고 살아도
하늘에서 보살피시는 부모님 계셔
형제 우애 돈독하여 감사할 따름

더 큰 욕심 가져 뭐하랴
더도 덜도 말고
무안 박가 칠 남매 지금처럼만.

마법의 성城

그대 향기는
오래도록 품어내는 무언의 바람
밀알 되는 귀한 사랑
그대로 멋지게 여물어 갑니다

삶의 소중함을 깨우쳐 주고
마법 같은 언어로 다독이며
변함없이 온화한 사랑으로 바라보니
마음을 변화시키는 마법이네요

참고 견디어 소망 이뤄지기를
현실에 무릎 꿇지 않도록
절실한 무언의 기도
이연離緣이 아니기를.

안부

가까운 사람
연락 두절이라도 되면
무슨 일일까 불안해
널뛰는 가슴

나의 오늘이 궁금해
살펴보는
정겨운 관심으로
더불어 살아가는 행복한 세상에
넘치는 즐거움

인정이 넘치고 신뢰하는
우리가 되어
살맛나는 세상이기를.

별밤 사랑

어둠이 내 곁에 다가와
함께하자 조르고
홀로 마시는 차 한 잔에
어른거리는 별빛
눠이신지

별이 보내는 그리움의 점멸신호
한 모금 차茶에
진하게 녹아있는 외로움은
이 밤도
내 곁을 맴도네.

나를 설레게 하는 사람

저마다 사랑을 품고 살지만
내 안에 자리한 그대 있어
고단하지 않은 삶이랍니다

짧은 하루
일상과의 힘겨운 씨름이지만
내 생각하며 용기를 낸다니
의미 있는 삶이 되네요

뿌듯한 감동
나를 필요로 하는 그대 있어
날마다
새롭게 변해 갑니다.

그리운 향기

아카시아 향기
추억 속을 기웃거리면
그리움으로
내 곁에 다가온 사람이여

전할 수 없는 사랑에
애태우고
만날 수 없어
먼발치에서 서성거리다
향기 한 줌 담아
그대에게 보내니
내 마음처럼 곁에 두고
오래오래
그리움 달래시구려.

나의 인연이여

수많은 인연 중
너를 만날 줄 몰랐던 것처럼
세월 뒤쫓다
어느 어귀서 그대 다시 만나랴

만나고 헤어지는 일
숙명宿命이라면
내가 어찌
먼저 이별을 생각하랴

훗날 외롭거든
추억 잘 보이는 따스한 언덕에서
햇살 동무삼아 기다리시게

느린 걸음 재촉하여
그대 찾아가리.

우린 늘 새롭게

가득 찬 호수는
고정된 풍경이 아닌
때론 잔잔하게
때론 폭풍처럼
마치 그릇에 담긴
출렁이는 모습이다

고집스런 너처럼
오직 하나만 안다면
잔잔할 땐 두렵지 않니?
호수는 한 곳을 지키지만
물밑에선 날마다 맑은 물을 지키려
분주한 움직임 있지

너와나 오늘은 호수처럼
내일은 강물처럼 날마다
새롭게 살아가는 행복을 전하자.

나의 하늘이시여

헛된 욕심 내지 않게 하시고
마음이 부자연스러울 때
내 앞에 탐욕으로부터
고개 돌려 보지 않게 하소서

마음의 그릇 작을지라도
노력하며 살아가는 지혜 주시어
삶을 게을리 하지않게 하고
지친 마음 다독여
쉬어 가는 쉼터이게 하소서

나의 하늘이시여
무례함에 소중함 잃지 않도록
상대의 말 귀담을 수 있는
여유 주시고
긴장 늦추지 않아 후회 없도록
기도로써 되뇌게 하소서.

제 3 부

나의 여백

나의 여백餘白

마음이 차가운 사람에겐
너그러움을

어둠 속을 헤매는 이에겐
훈훈한 눈빛을

희망 잃은 벗에겐
위로와 북돋움을

상처받고 지친 이웃에겐
도닥임을

나의 가슴엔
이들이 노닐 여백을.

묵향墨香 배인 공간

지나가는 인연이 남겼던
빈 메아리

잃어버린 약속인가 하여 뒤쫓다 보니
산수화 풍경 속

뜻밖의 감동 간직하고 싶어
순백의 마음 펼치니
화선지에 스며드는 묵향墨香

잊은 듯 간직한 기억 들추면
다스려도 번지는 추억

그리움은 나의 여백에
묵향墨香 되어 스미네.

내 마음의 구도構圖

석양이 서쪽 하늘 물들이면
그리움 강조한 구도構圖에
당신은 살가운 바람 되어
나를 찾아오지

빼곡한 숲에서
헐렁한 추억 벗어 놓고
마음의 간격
애증의 균형
마음의 구도構圖를 조화롭게 하지

나는 그대를 닮아가고
그대는 나의 언덕이 되어
아름다운 구도構圖로
다시 처음으로 가는 거야!

멋진 삶을 위해

실소失笑 남겨두고
바람에 붙잡힌 마음 달아나길
저만치

막연하던 내 삶에
어렴풋 밑그림의 틀이 잡히니
방관하던 일상에
훈훈한 여유 살포시 자리하네

기별 없이 찾아와 곁에 서는 행복
비워진 자리는
참을성 많은 기다림 채웠다가
내 손을 잡게 하고

난향 은은한 정자에 너를 초대해
나의 밑그림 완성하려네.

평범한 중년이지

인적 없는 숲에 들어서
내가 걸어온 길 하나씩 떠올려보니
진실이길 애쓴 나의 삶

기적이나 소유
집착도 아닌 주어진 시간
내 삶에 최선을 다한 게지

욕심 없이 건강한
삶을 바라는 평범한 중년이니

소박한 소망
눈에 잘 띄는 곳에 둘 테니
그대여
꼭 눈여겨 봐주시길.

나는 기다리는 법을 배워

조급함에 나를 가두지 말고
충분한 휴식으로
나는 기다리는 법을 배워

이해와 용서로 배려하는
여유로운 마음이길 기원하며
기다리는 법을 배워

양보는 자신을 자유롭게 하는
최선의 선택이라 믿고
후회가 많지 않게
나는 기다리는 법을 배우지.

무심한 세월

살아가는 동안
미련에 아픈 가슴 많다지만
무심한 세월이 약이라 하네요

넘치는 사랑과 행복도
마음이 시켜 만든
순간에 충실한 잠시의 정직일 뿐
돌아보니 허탈한 웃음이 나네요

얼마나 많은 인생의 여울 휘돌고
마음을 비워야
넉넉한 감사한 인연으로
머물다 가게 할 수 있을까요.

삶의 미완성

저녁노을 바라보며
사랑하는 임 떠올린다면
반쪽의 느낌은 그대 몫입니다

들꽃을 바라보다 훔친 눈물은
당신의 잔잔한 사랑에 감사함입니다

다시 태어나도
당신 위해 비워두는 옆자리입니다

미완성의 인생
불확실한 내일 앞에 당신
홀로 남겨둘까 봐
후회 없는 사랑이고 싶습니다.

인생은 혼자라는 것

바쁜 일상
앞만 보고 걸으니
나를 잃은 줄 모르고 멀어지네

욕심을 재촉하며
내 몸에 유숙留宿하던
허황한 것들
내 모습 낯설어
들풀 덤불에 숨었네

내 그림자에 발맞추어
자연과 교감하고
혼자라도 행복하니
대신 살아줄 수 없는 저마다의 인생
더불어 살아도 아름답겠네.

수신자受信者 없는 편지

무더운 여름이 빠져나가는 길목
내 그림자 길에 눕고
간지럽게 스치는 바람
낡은 추억 외면하며
밤새 쓴 편지는 세월과 흥정하는 중

달무리 어른거리면
눈물 번진 편지에 동봉하는
그리움의 재회
수신자는 불명不明
마음 구석에 수북이 쌓인
개봉하지 않은 반송된 편지만
덩그러니 놓여 있네.

망각의 성城

풀꽃 반지의 맹세
고운마음 엮어 맺었던 언약
시들지 않았나요

고고한 자태의 연꽃 앞에서
당부했던 믿음
무너지지 않고 버티는지요

코스모스와 갈대 속에
숨겨둔 밀어
낙엽지면 함께 떠날까
근심 앞서네요

아랫목 양보하며 품어주던 사랑
재만 남기고 사라질까봐
망각의 성城엔
지금도 끊임없는 기원을 합니다.

나의 인생 나의 사랑

사랑 있어
지친 매일 이겨 내고
낯선 방문의 그리움도
행복이라오

별리別離 후의 고독
인연의 강에서 만나거든
심심한 인생
더불어 살아가는 회상이라
전해주오

삶의 의미를 웅숭깊게* 하여
고난을 이겨내는 내성耐性으로
후회 없는 나날
반성으로 다진 터전에
행복의 디딤돌로 쌓아 가리다.

* 웅숭깊다: 매우 깊고 넓다.

미련한 인생

묵묵히 버티고
내려다보는 높은 산
허리에 걸린 회색구름
나를 보고 손짓하네

고갈된 마음은 허둥허둥
어디로든 떠나자 하고
마음 할퀴는 상념
운명의 생채기 되었네

아픈 줄도 모르고
세월 따라가기 바빴던 어리석음
미련한 마음만 탓하다
또 하나의 상처가 생기네.

지혜로운 사랑으로

인생길 만만하지 않다는
너덜길의 충고
부침 많은 세상이기에
말 수 줄이고 목소리 낮추니
바람 소리에 귀 기울이는
노송老松의 여유처럼 고요한 마음

질타나 회유懷柔로 길들기보다
참을성 있게
믿음으로 바라봐 주며
지혜롭게
남은 삶 알뜰하게 살고 싶어.

* 너덜길: 돌이 많이 흩어져 깔려있는 비탈길

당신 잊으려 하면

당신 눈을 피해 등 돌리면
흔적 없이 제게 오시고
목말라 헤매면 여지없이
온밤을 당신과 함께하게 합니다

화려한 계절 혼자 보기 아까워
가슴에 담고
푸른 하늘 들여 놓으면
당신은 뭉게구름 되어
제게 오십니다

그리움에 빠져
쓸쓸히 돌아서면
온기溫氣로 위로 하는
바람같은 당신 사랑합니다.

제 4 부

아름다운 구속

아름다운 구속拘束

봄소식은
어디서 먼저 올까
매화가지 끝에서 올까
버석한 덤불 속에서 올까

방황하던 시린 마음에게
아름다운 구속拘束 선언하는
햇살 따스하니

동안거冬安居 끝낸
마음의 정원에는
긴 동면을 견뎌낸 귀한 생명이
부활을 준비한다.

바람의 향기

가을의 서정에 이끌려
서성거리던 향기
자주 찾던 산책로엔
낯 익혔던
건들바람 떠날 채비하고

어디선가
산국의 은근한 향기
막연한 그리움으로
넌지시
내통하는 순간의 비밀

숫기없어 서성이는 내게
낙엽 한 장 쥐어 주고
휑하니 달아나는 갈바람.

우리 사랑

공유한 세월로
어느덧 닮아버린 인생
삶이라는 무거운 짐
그대 버거움 함께 하려요

그대의 긍정으로 해석한
축복의 노래로
충만한 삶의 에너지가 될 테니
나는 이미 그대 사람
그대는 나의 사람

분리할 수 없는 운명으로
하나되는 영혼
어찌 은혜롭지 않은가.

사랑의 존재存在

보이는 곳마다
흐드러지게 핀 개망초와 데이지는
바람의 시샘에 휘청거리고

널어놓은 빨래처럼
풀 죽어 흔들리던 구름사이론
네 미소 환하게 다가온다

시무룩한 날에는
마음은 침묵 속에 번식하고
심장 뛰게 하던 언어의 유희
질펀한 그리움 넋두리가 되네.

이젠 내가 위로해 줄게

봄비처럼 내게 왔던 너
하고 싶은 말
가슴에 가둔다는 것이
얼마나 힘든 줄 알고 있기에
섣부른 위로가 될까봐
염려하는 마음만 분주했던 걸 아는지

시도 때도 없이 닥치는 아픔
옳고 그름
따져 묻는 인생에게
감당해야 할 네 몫의 눈물 보았지

낙담落膽하지 마
지금의 고통
훗날 참다운 인생 안겨 주리라 믿어
힘내!

사랑의 행로行路

바람처럼 거칠게 오는 건
심술궂어
내 사랑 아니라네
구름처럼 살포시 오는 건
흔적 없어
내 사랑 아니라네

비처럼 마음 적셔 오는 건
눈물 많아
내 사랑 아니라네
눈보라 헤치며 내게 오는 건
마음 아파
내 사랑 아니라네

추억에 갇힌 지난 시간
망각 앞에서 주춤
신뢰하지 못할 위선이라면
그 또한 내 사랑 아니라네.

영원할 수 없으니

무심하게 대하진 마요
어느 것도 영원할 수 없다기에
마음 다한 사랑을 드려요

다음이라는 약속은
못 다한 마음에 대한 핑계이니
곁에 머문 귀한 인연에게
사랑한단 말 아끼지 말아요

마음 주고 받기를 게을리 하지 말아요
세월은 기다리지 않으니
예정된 이별일지라도
후회 없는 사랑이란 걸 알려 주어요.

힘들 땐 하늘을 보렴

높은 하늘 몽실 구름 떠다니고
파란 하늘에는
창조와 변화가 있을 것 같은 너른 터
그곳에 나를 옮겨 쉬게 하는 거야

흔들림 속에 피는 야생의 꽃이
더 진한 향기를 품 듯
지금의 시련은
네가 가는 길의 밑거름이 될 거야

네 삶의
용기 있는 주인이 되어
지치고 버거우면 하늘을 보렴.

그대는 나의 귀한 사랑

내가 그리고 싶은 얼굴
영원히 잊히지 않는 그대
빛바랜 일기장에서
오랜 습관처럼 기억하는 사람

진실을 담아 둔 추억 속에
잘 발효된 그리움
가슴 깊이 묻어 둔 소중한 사람
바로 당신입니다.

작은 종이배

비가 주룩거리는 날엔
전하지 못한 마음 접어
종이배를 만듭니다

세월의 강물 위에
눈물로 기억한 숱한 후회
애잔한 마음을
작은 종이배에 띄웁니다

고독한 마음 적시도록
그리움 쏟아지면
종이배 타고
나는 추억 찾아 떠납니다.

내 마음의 빛

어둠이 가시기 전
신성한 태동
경건한 마음으로
태초의 빛을 쫓아가 본다

예민한 감촉에 의지 했던
지난 시간

꿈을 향한 희망의 도약
실천의 다짐으로 내가 가는 길
빛이 안내한
은혜로운 오늘이다.

춘설春雪

봄이 오는 길목에
계절 잊은 듯 내리는 하얀 눈

반가움 뒤에 따르는 당황
준비 없이 마주쳤던 첫사랑처럼
잠깐의 흥분

오랫동안 치룰 설렘의 댓가
질척거리는 불편이 귀찮게 하고
홍매화에게
공들였던 나의 순애純愛
계절 앞서 내린 눈 위에 묻히고 말았네.

휴식休息

봄기운이 대지를 스며드니
연록의 새싹들이 기지개를 켜네

따사로운 햇살과 부드러운 바람은
겨울의 끝자락에서 비롯되니
겨울은 생명 잉태를 준비한 긴 휴식이었네

살며 겪는 고난과 슬픔이
겨울 혹한과 삭풍에 버금가도
정녕 인생의 휴식이라 생각하세

푸른 하늘 머리에이고
싱그러운 숲에 들어서니
고달팠던 일상 잊은 듯
연록의 기지개를 켜보네.

이렇듯 비가 내리면

쏟아지는 비를 바라보니
한 달음에
빠져드는 울적한 상념
나 대신 슬퍼해 주는 것 같네

창 너머 풍경 흠뻑 젖어 가면
텅 빈 마음에 들어서는 그리움
저근 듯* 내 마음 움직이는 그대
정녕 누구시더이까

기억 저 편 머뭇거리던 그대
이렇듯 비가 내리면
마음은 우산을 받쳐 들고
그리움 마중합니다.

* 저근 듯: 잠깐 동안에

미열微熱

가슴이 먹먹하도록
울어 보았는가

뼈마디마다 달라붙는 통증
고스란히 받아내며
울어 보았는가

심장을 관통하는 설움
미열微熱에 시달리다
오랜 습관처럼
더듬어 보는 허무

쓸쓸한 생각 지배하니
공허한 서러운 가슴.

연서戀書

기별 없이도 가을 오니
긴 여름
무난히 넘겼기에
오색 옷 입을 수 있는 보상이네

나의 창에
수채화 풍경 걸어두니
둑길에 가득 핀 코스모스
방실거리며 찾아오고

나뭇잎 사이 기웃거리던 햇살에게
들키고 싶은 마음

표현하기 쑥스러워
한편의 글로 엮은 연서
파발마로 띄우는 가을바람
억새 능선을 넘어 어디로 가나.

허밍humming

꽃이 질 때까지
후회 없이 택한 행복을 그리며
곱게 핀 야생화처럼
눈부신 봄날을 닮아가고 싶다

향기 가득
나만의 쉼터에 풀어
봄바람의 시샘쯤은
사랑의 아량으로 봐주련다

꽃길 따라 앞장서
날 기다려 주는 사람
남은 삶
건강한 행복 안에
마주 보고 살아가자.

내가 너무 작아요

나는 하나만 생각하고
세상은 너무 많은 것을 요구 하네

나는 작은 것 원하는데
세상은 너무 큰 것을 안겨주네

난 작은 소리로 말하고 싶은데
세상은 들리지 않는다고
더욱 목청을 돋우라 하네

나는 가슴 따뜻한 사랑과
이해하고 배려를 바라는데

현실은 쓸쓸함을 먼저 깨우쳐 주네

나의 삶 온힘 다 하리 다짐하는데
넘어야 할 산이 너무 많구나.

함께하여 주소서

기쁨으로 충만하게 오시는
당신에게 기원 드립니다

모든 이의 중재자이시여
희망으로 오시고
기쁨으로 오시어
우리를 위안하오니
훈훈한 마음 품게 하소서

슬픔 위로하시어
어둠 안에 헤매는 양
밝은 빛으로 인도하시고
환한 마음 품게 하소서

함께 머무시는 당신께
육신과 영혼 함께 드리오니
내 삶을 인도 하소서.

제 5 부

사랑의 소묘

사랑의 소묘素描

찬바람에 흔들리는
풀꽃 곁에 앉아
붉게 물든 하늘 올려보며
맑은 기원祈願 그려 넣어보자

서글픔에 짐짓 쓸쓸하거든
스스로 위로하고
위안 받으며
마음 나라 평안함을 그려보자

사랑하는 이들과의
고운 인연에 감사하며
맑은 마음으로
참사랑을 그려보자.

와인 한잔의 사색

분주했던 오늘
다신 오지 않기에
와인 한잔의 사색으로
되새김하지

해맑은 미소로
삶의 버거움 접어놓으라며
수줍은 듯 건네던 변함없던 인사
"좋은 하루!"

천진한 미소에 먼 하늘 올려보며
네게 들킬 때마다
새로운 사랑을 품게 하곤 했지

그날이 삼삼하여 와인 한잔에
그리운 마음 담아보네.

손톱에 물들인 그리움

사모의 노랠 듣고 자란 봉선화
긴 가뭄에도 어여쁘게 피어
울 엄마 몹시도 그립게 하네

그리움 달래려
손톱 가지런히 꽃물들이니
호롱불 당겨 앉아
손톱마다 칭칭 동여매시던 사랑
울 엄마 정성 그립네

물들여진 손톱을 바라보니
연분홍 미소로
울 엄마 거기 있네.

가슴에도 꽃이 핀단다

너는 모른다
빗장 지른 상념 외로우니
내리는 비가
대신 서럽게 울어주어
큰 위안을 받는다는 것을

슬픔은
가슴에 먼저 닿지만
눈에 밟히던 기억
비에 씻겨
눈물의 강을 만드는 걸

너는 모른다
물안개 오르내리는 길목에서
바람의 참견을 이겨내며
제 몫의 사랑에 다하는
야생화로 홀로 피던 꽃이
내 가슴에 있다는 걸.

그대, 나를 기억하는지

따스한 햇살 들어
얼굴 비추면
선량한 소망으로
그리움 전하러 온 줄 아세요

마른 덤불에
먼지 폴폴 날려
눈 질끈 감게 되거든
관심이 필요해
바람 일으킨 줄 아세요

이슬비 내리거든
내 눈물 그리움으로
그댈 적시는 줄 아세요

그대 머무는 곳
어디에나
내가 머무는 줄 아세요.

공연한 기우杞憂

갈림길 많은 인생길에서
헤맬까봐
불안한 인생의 늪지에
빠질까봐
첩첩산중 외딴곳에서
길 잃을까봐
공연한 걱정 마세요

처진 어깨 보지 않으려
고개 돌렸지만
이미 알고 있는 고독한 모습
되돌아보지 말고
방황으로 헤매지 않을 테니
가던 길 가요.

침묵

들꽃과 마주치면
눈치껏 이름 짓고
말을 아껴
스치는 바람의 행선지도
묻지 않을래

친근한 추억 우연히 만나도
조용한 미소로 반기며
눈으로 묻고
가슴으로 대답하려네

자연 속에서
가벼운 언어가 조잘대
분란과 번민에 휩싸이지 않도록
침묵의 교감으로
고요한 마음과 만나려네.

하루

어제와 닮은 헛헛한 하루
불만을 다독거리다가
무심하게
빈손으로 돌려보낸 시간

알게 모르게
주고받았던 상처
덧나지 않게 치료하며
애증의 수발을 들다가 지친
야속한 심사深思

사랑으로 충실하고 싶었던
나를 기억하는지
묻지도 못하였는데
마침표를 찍지도 못한
하루가 지나네.

널 만난 기쁨

내 인생
널 만나 기쁨이고
널 그릴 수 있어 행복하지
내 삶에 남겨진 흔적
생이 그려내는
아름다운 작품이란다

너로 인해
이해의 길을 닦고
평안의 쉼터를 만드니
쉴 수 있는 그날까지
노력할거야
내가 바라볼 수 있는 거기쯤에서
기다려주겠니.

인생의 번민煩悶

마음이 멀어지면
자연스레 잊는 줄 알았는데
방황의 미로에 갇혀
조심스럽게 내딛는 곳마다
애처롭던
네 눈물이 만든 늪

미련과 아쉬움
불분명한 아픔 떠 올리니
회한의 늪에서
허우적거리는 설움

널 향해
달려 갈 수도
뒷걸음질 할 수도 없으니
가여운 후회만 앞질러 가누나.

따스한 그리움

갈대숲에 내린
충만한 가을햇살 온새미로*
황금빛 따스한 풍경
화폭에 담은 위로가 눈맞춤 하는
그리움이라면 좋겠네

마른 풀에 내린 이슬과
햇볕이 모아 놓은 가을 냄새
문득, 누군가 올 것 같은
두근거림이라면 좋겠네

저녁노을 살며시 덮어 올 때쯤
등 뒤에 내려오는 어둠이
사랑하는 그대라면 좋겠네.

* 온새미로: 가르거나 쪼개지 않고 생긴 자연 그대로

밤의 여정旅程

살포시 내린 어둠
별들이 합창을 하고
하얀 달빛 내리니
마음은 쪽배를 타고
아련한 추억 창가 서성이네

달빛 고운 밤
사랑 품은 샛별 거느리고
그리움의 쪽배는
행선지를 정하지 않고
어디론가 떠나려
분주한 움직임 있네요.

자책自責

문득
익숙했던 것이 낯설어질 때
감정이 벅차 눈물이 난다

바람 소리에
마음 심란해 지고
날 선 언어들이
구석구석 파편으로 박히니
예리한 통증

위로하고 위안 받으려
되뇌길 얼마나 더 해야 할까

용서를 배우지 못한 채
너를 꾸짖은 후엔
후회의 은둔 속에서 은밀하게
나를 벌罰하는구나.

보고 싶다

고개 돌려 하늘을 올려보니
잊힌 기억이라 믿었던
일렁이는 비밀

염려하며 행복하라고
건네준 한 마디
널 기억하는
고마움으로 반기겠네

마음의 헛손질 심한 날엔
한 잔의 차茶로 인생을 음미하고
삶의 버거움 나눌 수 있도록
쉼터에 들러
불러주지 않으련?

미로迷路

사랑은
비밀을 만들고
설렘과 행복
죄罪와 참회懺悔를 오가며
불안과 손잡기도 하지

벼랑 끝을 향한
위험한 질주와 서글픈 방황
맹목의 열정에
제어 할 수 없는 의지가
분별의 후회로
사랑의 미로에 헤매게도 하지

영원을 담보할 수 없기에
세상은 지금도 사랑의 미로에서
새로운 고쳐 쓰기를 하나봐.

어느 슬픈 영혼

그리운 마음 벚나무 그늘에
그댈 찾아 헤매다
스치는 꽃바람에 그만
눕고 말았네

함께 나눈 행복한 시간
가슴에 품고 살아야 한다면
추스르지 못한 영혼
홀로 남은 세상 어찌 살아갈까

정다운 날들을 그리며 살아가려니
가슴 저린 슬픔에 주저앉고 마네.

그리움의 실상實狀

보고 싶은 친구야
푸른 하늘에 내 마음 매달아
날려 보낸다

향기롭게 하던
너와의 특별한 만남

우리 앞에 놓인 시간
넉넉한 나눔으로
그리워 할 수 있음에
행복할 수 있음에
사랑할 수 있음에
살아 있는 행복이겠지.

이별 앞에서

사랑하는 일이
이별의 예감에 시달리는 일이라
마음을 시험하려는 듯
아픔 저울질 하지만
어느 모퉁이에서 만남을 기약하며
가볍게 배웅하길 소원한다

마지막이란 구실로
아름다웠던 기억 잊히지 않도록
지금이 생의 끝이 아니란 걸
우리에겐 비상구가 있다는 것을 믿자

사랑한 이유마저 지우려는
미련한 인생은 되지 말자는 거다.

내 작은 소망所望

당신 앞에 설 때면
철없는 아이 되어
분별없는 기도로
당신을 아프게만 합니다

어린양을 위한 희생으로
고귀한 사랑의 빛을 내리셨으나
철부지는 당신 슬프게만 합니다

성스러움 앞에 무릎 꿇고
사랑의 염원으로 당신 앞에
두 손 모으니 눈물이 흐릅니다

나의 기도가 헛되지 않도록
사력을 다할 것을 믿어 주십시오
항상 내 마음에 사랑으로 내리소서.

제 6 부

내 마음의 정원

내 마음의 정원

살아가면서 만나는 인연들을
싱그러움으로 맞이할 수 있다면

각기 다른 향기 어우러져
벌 나비 춤 추겠지

나는 너의 향기 좋고
너는 나의 방문 반겨주니
이곳이 바로
천상 낙원일세.

어느 날 오후에

가을볕을 품어
붉게 물든 담쟁이는
비틀어진 노송을 타고
하늘 향해 올라가는구나

버석한 들녘엔
쑥부쟁이 슬피 흔들리고
억새 서걱거리며
떠날 채비에 바쁘니
휑한 마음
덩달아 서글퍼지네.

부평초浮萍草

숙명처럼 맺어진 인연
세월 속에 묻어도 좋으련만
안타까운 마음 앞서니
살포시 찾아온 바람에
이리저리 떠도는 구름 같은
방랑의 사랑이련가

한 곳에
뿌리 내리지 못하는 너를 보니
허전한 가슴은
가난한 연민에 부대껴
세월조차 안쓰러워
하늘만 올려 보는구나.

목백일홍木百日紅

꽃향기는 어디 숨겨 두고
온종일 비 맞는지
탐스러운 자태 못 견뎌
휘청휘청
꺾인 허리로 버티고 있네

백날을 피고 지니
책임 다한 뿌듯함에 한 눈금 크고
연분홍 송이
설레던 새색시 표정이고
은은한 연보라 송이
내 어미 닮은 가련함이라네

비에 젖어
올망졸망 껴안은 채
흐트러지지 않는 아름다움
햇살 놀러 오면
숨겨둔 향기도 살그머니 꺼내 놓으렴.

홍매화 곁에서

수더분한 홍매화
앙상한 나뭇가지에서 떨어질 듯
위태로우니
조심스러운 구애에 열중하는
한 됫박의 햇살
긴 겨울 이겨낸 네게
꽃샘바람쯤이야

하늘거리는 들풀 위에
벌 나비 날아와 유혹을 하며
함께 하자 서두르니
나도 덩달아 화폭에 담을까
고민 중이야.

오월의 비음산 철쭉

고갈된 느낌 핑계 삼아
집을 나서니
연분홍 찰랑거리는
오월의 비음산
알음장*의 감성이 만개했다

감동을 맛보려는 등산객들
송골송골
이마에 맺힌 땀방울로
가쁜 호흡 힘겨워 할 때쯤
수고를 보상하듯
열리는 화려한 철쭉 길

발걸음 멈추게 하는
진분홍 융단 밭
아, 아름다운 자연 작품이여.

* 알음장: 눈치로 은근히 알려 줌

찔레야

아무런 향기도
남기지 않을 듯
탈탈 털어내며
어떤 것보다 아름답게 피어
뜨거운 태양의 참견에도
지나가는 바람의
유혹에도 의연하구나

뜨거운 햇볕 땅에 쏟아질 때
물끄러미 널 바라보니
찔레꽃 같던
네 웃음 몹시 그립다.

계절이 바뀌네

마음은 늘
싱그럽던 청춘에 고정 되는데
서둘러 가라는 계절의 독촉
풀잎에 달린 이슬방울처럼
덧없는 인생이구나

가을 다가오는 기척 없는데
스산함에 휑한 가슴
질펀한 그리움 안기니
앞질러가는 마음의 방황
낙엽지면 함께 떨어지려나.

숲의 빈 의자

호젓한 숲에 들어서니
세월의 더께 쌓인 빈 의자
누굴 기다렸을까

바람이 숲을 비우면
그리움 찾아들고
햇살이 숲을 비우면
어둠 찾아올까

번민의 무거운 걸음 멈추어
마음 쉰 곳
방치한 꿈도 쉬어갈까.

봄의 향연饗宴

앞산
햇살 닿은 자리마다
연둣빛 진동으로
가까이 느껴지는 봄의 숨결

마법 같은 변화로
날마다 다른 풍경 그려내니
넋 잃고 보는
아름다운 자연의 신비

긴 잠 깨어난 가지마다
현기증 나게
어여쁜 분홍빛 봄

나는 막 이 봄과
첫 사랑을 시작한다.

매일 아침

내려다보는 산을 마주하고
아침을 맞으며
향 짙은 커피 한 잔으로
하루를 시작한다

여름은
골바람 드나드는 계곡에
초록 바람 몰아오고

가을은
갈바람으로 빚은
곱고 아름다운 단풍 떨구어 오네

겨울 오면 짧아진 해는
내 그림자 찾을 시간 주지 않고
잘도 흘러가니
봄은 어디쯤 오고 있나
저만치서 다가오는
소소리 바람.*

* 소소리 바람: 이른 봄에 부는 차고 매서운 바람

산에 오르니

산에 오르니
진달래 꽃잎 따서
두견주 담았건만
고운 임 오지 않고 세월만 먹네

산에 오르니
연록 이파리 앞 다투어 크고
거울처럼 맑은 계곡
산山꽃 소식 전하려
돌 틈 사이 분주히 흐르니
양지바른 나무 아래
낙엽 비집고 나온 바람꽃은
수줍은 새색시 닮았구나

아름다운 자연
혼자 보기 아까우니
화선지에 담아 자랑 하려네.

가을 서정抒情

비구름 들락거리던 하늘에
펼친 파란 도화지
서글서글한 가을햇살
여유로우니
튼실한 약속 남기고 떠난
여름의 기억

야트막한 언덕배기
외롭게 핀 들꽃 자리하고
어느 사이 나무마다 붉은 옷 갈아입어
기억 저편 그리운 내 고향 생각나
애꿎은 하늘만 멍 하니 올려 본다네

아! 가을은 약속한 듯
다시 오는데.

눈이 내리네

하얀 눈이
펄펄 내렸어
쌓인 눈밭에
맨 처음 나의 바람을 그렸지
보고 싶다고

하얀 세상
이 아름다움 어찌 감당할까
이 황홀함 어찌 그려낼까
설렘 속에
행복한 고민 중이야

네가 머문 그곳도
소복하게 흰 눈이 쌓이겠지.

겨울 풍경

흰 눈 내리는 길
어린 시절 아버지가 만들어 주신
대나무 썰매가 생각나고

발자국 찍어 따라가며
눈꽃 뒤집어 쓴 설인으로
쌓인 눈 무덤 위에
허수아비 사진도 찍어보고

시린 손 겨드랑이에 끼고
빙그레 웃고 싶다

백색의 세상
내 마음도 이처럼 하얗게 될 수 있나.

수선화narcissus

그때는 몰랐지
시간이 흐르고 나서야
쓰라린 상처란 걸 알았네요

세월이 안겨준
빼곡한 기억 속으로
빠져드는 깊은 연민

몇 번의
계절이 지나야 희미해질까
얼마나 많은 시간을 보내야
그 상처 아물 수 있을까
담장 아래 곱게 핀 수선화를 보니
짙은 후회에 현기증 나네.

아름다운 계절에

아름다운 계절
마음의 주인이 되려
무작정 길을 나선다

너그러운 생각을 안고
배려하는 미덕으로
여유로운 내가 되고자
나를 낮춘다

남은 삶
긍정의 밝은 빛으로
마지막 성숙成熟에
최선을 다하여
아름다운 계절에
멋진 인생 그려 보련다.

나의 정원에 꽃이 되어

가슴 따뜻한 그댈 생각하면
콧등 시큰한 건 무슨 의미일까
내 영혼 흔드는 그대
유일한 희망이기 때문입니다

위로하며 위안 받는 삶
소망을 꿈꾸고
서두르지 않는 진실로
필요가 되길 소망 합니다

내 삶의 가장 고운 꽃으로
나의 정원에 사랑의 헌신
뿌리 내리게 할 것입니다.

가끔은 자연인이고 싶다

아침이면
눈부신 햇살로
이슬에 젖은 숲
따뜻하게 말리고

저녁이 되면
고독을 벗 삼아
바람의 노래 다정하니
은하수 건넌 그리운 별빛
외로운 밤 함께 하자네

마음으로 느끼는 감동
나도 지금 자연의 호사를 누려 본다.

기도祈禱

제 기도가 헛되지 아니하고
마음을 헤아리는 사랑으로
아픈 상처 보듬게 하소서

타인을 탓하기보다
내 탓으로
앞질러 기도하게 하소서

긍정적인 언어言語로
조급한 마음에
침묵으로 일관하여도
묵묵히 기다려주는
든든한 지원자로
기도 하게 하소서.

삶의 밑그림

혜정 박연희

蕙亭 박 연 희 詩人 시집

인쇄일: 2013년12월10일
발행일: 2013년12월15일

지은이: 蕙亭 박연희
펴낸이: 최경식
펴낸곳: 도서출판 청옥문학사
기획처: 문화마을

등록번호 제10-11-05호
E-mail: kyu500@hanmail.net

ISBN 978-89-97805-14-3
값: 10.000원

(60x70) 蓮沼 **최 지 영** 문인화 화가

蕙亭 박연희 출판기념에 붙여.

온갖 물감을 뿌려 놓은 듯 한 아름다운 계절을 맞아 혜정의 첫 시집 출판을 진심으로 축하하는 바이다.

蕙亭과 나는 그림으로 인연을 맺은 지 어언 14년의 세월이 지났다.

그림을 그리고 글을 쓰는 것을 일찍 北宋의 문인화 화가이자 화론가인 소동파는 唐代의 詩人이자 畵家인 王維의 그림을 보고, '詩中有畵 畵中有詩' 라 했듯이 詩書畵一致 즉, 이 세 가지를 다 갖춘 작가를 三色이라 한다.

화가는 붓으로 표현하고, 시인은 펜으로 심상을 그리니 혜정이 시인이자 화가인 것은 당연한 일이다.

첫 출판기념을 통해 나날이 발전하는 詩人으로 또 畵家로 거듭나기를 기원하는 바이다.

蓮沼 **최 지 영** 문인화 화가

木亭 문 운 식 한국화 화가

친구여!

지금 막 길섶에 떨어진 은행잎 하나 주워 누가 나에게 보내 주었을까? 생각한다.

어느 것 하나 결실 없이 보내는 삶 없고 '결실' 그 전의 밑그림을 보는 마음은 감사와 흥분이 교감한다.

온화한 성품과 고운 눈매는 많은 사람에게 산소 같은 모습으로 살았겠지.

내가 가진 것 소중하려면 네가 가진 것 또한 소중한 것 한 폭의 그림처럼 내게 준 글 집을 본다.

준비 없이 나선 걸음 어느새 준비되어있고 구름처럼 나섰다가 바람이 될 수도 있었겠지. 일어났다 사라지는 구름처럼 내 마음인 양 적어 본다.

글 쓰고 그림 그리는 蕙亭이 모습 자랑스럽고 사랑스럽다. 많은 이들도 그러하겠지. 추억이라 하지 않고 일상 놀음이라 돌리며… .

화실에서 木亭 문 운 식 한국화 화가

(35x40) 蕙亭 박 연 희

참 좋은 친구!

오래전 인연이 된 좋은 벗이 좋은 글로 좋은 그림으로 좋은 책을 만든다니요. 참 좋네요.

오랜 세월을 좋은 벗의 밝고 그늘 없는 그림이랑, 언제나 순수로 돌아가려는 꾸밈없는 수행자의 모습을 엿봐 왔습니다.

늘 속내를 쥐어짜 내는 시심을 통해 교감을 이룬 인연이니 오고 가는 인연이라면 천 년을 살아 알까나요.

봄, 여름, 가을, 겨울 변함없는 자애롭고 고운 마음 거기서 풍기는 향기는 천 리 먼 여기서도 늘 그윽했답니다.

참 좋은 친구!

오랜 세월을 모은 보석처럼 빛나는 옥고가 초저녁 밤하늘 별처럼 만방으로 반짝반짝 빛날 터이니 그 별 바라보는 이 가슴 가슴마다 밝게 떠 아롱질 것입니다. 더불어 영원히 사라지지 않는 밝고 고운별이 될 것입니다.

축복합니다.

廈象 신 영 학 詩人

(30x35) 蕙亭 박 연 희

출판을 기념하며

혜정蕙亭

그대의 정자에 묵향이 은은하게 스민 그림들, 깊은 맛 머금은 시어들이 운치 더하니 모자라는 의미쯤은 서로 추렴하며 벗하여 살자꾸나.

세상의 짜증쯤은 눈 감아 주는 아량으로 허전한 인생에게 슬며시 쥐어주는 감동은 본디 내 것이 아니지 않더냐

그대 삶에 조금쯤은 밑천 대 주었던 인연들에게 보답이 되는 난향이 은은한 혜정 재촉만 해 대는 세월

쉬어가는 쉼터로도 훌륭하고 기특하다네,

문 영 길 詩人